Engelbert Groß Wenn in deiner Wüste sich der Himmel auftut...

Engelbert Groß

Wenn in deiner Wüste sich der Himmel auftut...

Kyrios-Verlag GmbH Meitingen · Freising

OFFENE ZEIT 19

> CIP-Kurztitelaufnahme der Deutschen Bibliothek
> **Gross, Engelbert:**
> Wenn in deiner Wüste sich der Himmel auftut ...
> : Bilder u. Texte zur Meditation / Engelbert
> Gross. – 1. Aufl. – Meitingen ; Freising :
> Kyrios-Verlag, 1987.
>   (Offene Zeit ; 19)
>   ISBN 3-7838-0358-6
> NE: GT

ISBN 3-7838-0358-6
1. Auflage 1987
© Kyrios-Verlag GmbH Meitingen – Freising 1987
Alle Rechte vorbehalten
Einbandgestaltung: Anton Kratzl
Gesamtherstellung: Schnaufer-Druck · D-6972 Tauberbischofsheim

Die letzten Dinge!
Die Endzeit!
Was wird mit mir werden? Mit uns?
Alles Hoffen geht auf Himmlisches.

Gezeigt ist es dem Glaubenden im Bild der Stadt:
die himmlische Stadt,
Jerusalem aus Gold.

Stadt, das heißt für uns Heutige aber immer:
Beton und Asphalt,
dicke Luft und Dreck,
Anonymität, Verbrechen, Terror.
Von Himmlischem keine Spur.
Nichts, das uns Anzeichen sein könnte.
Nichts, das uns helfen würde,
ein Gespür für den Himmel schon jetzt zu bekommen.

Himmlisch freilich
dünkt die Stadt dem,
der aus der Wüste kommt.
Auf ihn wirkt sie tatsächlich
wie „reines Gold" (Offb 21,18).

Fühlen wir es ihm nach,
und spüren wir die Offenbarung auf,
die uns im Bilde der „Stadt in der Wüste"
so eindringlich, so wohltuend,
so himmlisch hervorkommt.

Es ist mehr als spielerische Poesie, wenn der Mensch sein Leben begreift und benennt als Weg" (N. Brox), und es ist mehr denn literarische Kostümierung, wenn der Mensch in den Regionen unserer heiligen Schriften diesen Weg als „Weg durch die Wüste" empfindet. Den sollte tunlichst niemand, nur auf sich allein gestellt, riskieren: Er füge sich vielmehr ein in die helfende Gemeinschaft der Karawane.

Nur so – als Gemeinde – läßt sich im schier Weglosen zielwärts vorankommen: den Abgrund umgehen, dem Felsen ausweichen, wieder festen Sand suchen, sich vorwärts tasten, sich wieder neu ausrichten am Ziel.
Nur so – als Gemeinde – läßt sich im schier Tödlichen leben, wenn mein Tragtier zusammenbricht, die Transportkisten zerbrechen, mein Wasservorrat erschöpft ist, ich das Sternbild bloß noch flimmern und zucken sehe. Die Richtung wäre fort, und das Leben ginge weg, und keiner in der Nähe, der mich retten würde vor dem feindseligen Sand, dem erbarmungslosen Gefelse, vor dem Feuer, das von allen Seiten mich anbrennt, ausbrennt, abbrennt.

Es ist mehr als ein sprachliches Getue, wenn der Mensch – unterwegs durch seine Wüste – allein eines im Sinn hat: die Stadt.

Nur auf sie ist er ausgerichtet, von Kopf bis Fuß, mit Haut und Haar, auf Gedeih und Verderb so heftig und so scharf ausgerichtet, daß er, aus der Sahara kommend, die große Oase im südlichen Marokko einfachhin „Mraksch" nennt: *die Stadt;* Marrakesch, *die Stadt* schlechthin.

tadt!

Für jeden, der aus dem Sand kommt,
aus den Steinen, dem Geröll, den Felsen,
aus dem Einerlei des Grauens und Grausamen;
für jeden, der aus der sengenden Glut hinausstolpert;
für jeden, der dem Schakal, der Hyäne, der Schlange entrinnen will;
für ihn bedeutet die Stadt:
Grün und Schatten – und bergende Mauer.

Für ihn bedeutet die Stadt
ein solch intensiv ersehntes
und ein solch intensiv zu genießendes Dasein
– dem des Wüstenweges entgegengesetzt
wie Wasser dem Feuer,
wie Leben dem Tod –,
daß der Mensch als Glaubender
durch das Bild der Stadt tatsächlich den Himmel erblickt!

Im Anblick des Tores ist die Stadt den Menschen gewiß
und nicht eine Fata Morgana.
Im Anblick des Tores ist Gott selber ihnen gewiß,
„denn er hat für sie eine Stadt vorbereitet" (Hebr 11,16),
und diese Stadt ist gekennzeichnet
durch eine große und hohe Mauer (Offb 21,12).
Sie ist unsere Rettung!

Was da zu erleben bevorsteht,
was da zu genießen, zu kosten
und köstlich zu finden sich auftut am Tor,
das macht den Bezirk hinter den schützenden Mauern
zur „begehrten Stadt" (Jes 62,12),
deren Mauern „Rettung",
deren Tore „Ruhm" genannt werden (Jes 60,18).

Das Tor erschließt denen,
die aus Feuerlohe und Brandherd kommen,
in die Stadt sich hineinschleppen
mit Sonnenbrand und Entzündung,
versengt und geblendet –
das Tor erschließt ihnen den Schatten,
angenehm kühl, erfrischend, belebend.

chatten,
das Geschenk der Stadt,
und wem es die Stadt nach überstandener Gluthitze bietet,
wem sie es nach zermürbendem Gang durch den wabernden Hauch voller Angst
– „Woher kommt mir Hilfe?" (Ps 121,1) –
endlich verschenkt,
der kriegt nun die Antwort im Schatten zu spüren:
„Hilfe kommt vom Herrn ...
Der Herr gibt dir Schatten!" (Ps 121,2.5).
Die tiefe Erfahrung, die derjenige macht,
der aus der Zone der Ödnis heraus
in den Schatten der Stadt hinein gerettet wurde,
vertieft sich:
läßt ahnen, was kommt,
wenn das, was im Schatten erlebt wird,
vollkommen wird,
denn „die Herrlichkeit des Herrn ... spendet ... Schatten vor der Hitze
und ist Zuflucht und Obdach" (Jes 4,6).

„Wer im Schutz des Höchsten wohnt
und ruht im Schatten des Allmächtigen" (Ps 91,1),
der rekelt sich nicht eigentlich im naturalen Schatten,
dem Geschenk der Stadt,
sondern der fühlt sich wohl bei Gott,
der hat es himmlisch.
Der genießt es, seine Sehnsucht erfüllt zu sehen,
so wie die Geliebte sie erfüllt sieht,
wenn sie bei ihrem Geliebten weilt,
sie, die da sagt:
„In seinem Schatten begehre ich zu sitzen" (Hld 2,3).
Menschen, erhitzt und ermattet durch Betrieb und Beruf,
verschwitzt in Routine und Unsinn,
erschöpft vom Weg durch Instanzen,
halbtot aus der Mühle der Klinik sich schleppend,
hören von vorn, aus göttlicher Zukunft
in ihre müde Gegenwart herein:
„Sie werden ... in meinem Schatten wohnen!" (Hos 14,8).

Hinaus aus den Sandflächen,
den herumliegenden Gebeinen,
dem fahlgelben Gras,
das sich in Roßhaar wandeln mußte,
hinweg von der Leimrute des Lichts,
der vorphantasierten, eingebildeten Stadt
und ankommen beim Brunnen!
Rings um seine enge Öffnung
wie um den Nabel der Welt
klammern sich Mensch und Tier,
saugen sie sich an beim Leib der Erde,
beim Saft des Lebens.

Gesang der Springbrunnen,
Labung mit lebendigem Wasser,
Quell, aus welchem der Sieg über die Wüste sprudelt:
Geschenk der Stadt
an den, der ausgetrocknet und verkrustet
dem einschnürenden Kranz von Geröll
und Felsen und Sand entging
und trunken nach dem Paradies
endlich die Heimat der Brunnen erreicht.

Die Quellen der Stadt,
sie stiften inmitten ihrer Mauern das Grün,
nur inmitten der Mauern stiften sie es.
Draußen gilt Tod,
allein hier drinnen herrscht Leben.
Hier im grünenden Hafen
bietet zum Bade sich dar die ewige Freude,
kredenzt sich zum Trank das Glück
für immer und ewig.

Was den Menschen, der sich einläßt auf Gott, erwartet?
Immer wieder haben es Israels Propheten
im Bild des Wassers vorausstrahlen lassen.

Sacharia
„Dann wird es einen Tag lang ... weder Tag noch Nacht werden,
sondern am Abend wird Licht sein.
An jenem Tag wird aus Jerusalem lebendiges Wasser fließen;
... im Sommer und im Winter wird es fließen" (14,7-8).

Joël
„An jenem Tag triefen die Berge von Wein,
die Hügel fließen über von Milch,
in allen Bächen Judas strömt Wasser.
Eine Quelle entspringt im Haus des Herrn und tränkt das Tal" (4,18).

Ezechiel
„Ich sah, wie unter der Tempelschwelle Wasser hervorströmte" (47,1).
„Da war es ein Fluß ..., das Wasser war tief,
ein Wasser, ... das man nicht mehr durchschreiten konnte" (47,5).
„Dieses Wasser ... läuft in das Meer mit dem salzigen Wasser.
So wird das salzige Wasser gesund" (47,8).
„Wohin der Fluß gelangt,
da werden alle Lebewesen ... leben können" (47,9).

Da spricht sich im Glaubenden ahnungsvoll aus,
was in der Stadt ihm zutiefst paradiesisch sich auftut:
„Ein Strom entspringt in Eden,
der den Garten bewässert ..." (Gen 2,10).
Aus der Wüste in den Garten!
Johannes, der Seher von Patmos:
Er ändert malend für uns das Bild, das Ezechiel schuf.

Der Fluß
– so ließ es Ezechiel sehen –
fließt hinaus aus der Stadt, dem Salzmeer entgegen.
Da draußen vor der Stadt, dort, wo das lebendige Wasser sich spendet:
„An beiden Ufern des Flusses wachsen alle Arten von Obstbäumen.
Ihr Laub wird nicht welken, und sie werden nie ohne Frucht sein.
Jeden Monat tragen sie frische Früchte;
denn das Wasser des Flusses kommt aus dem Heiligtum.
Die Früchte werden als Speise
und die Blätter als Heilmittel dienen" (47,12).

Johannes nun malt uns den Fluß mit dem „Wasser des Lebens,
klar wie Kristall" (Offb 22,1)
mitten hinein in die Stadt.
In der Stadt selbst wachsen die Bäume des Lebens.
In der Stadt selbst geschieht laufend das Wunder der Ernte.
In der Stadt selbst gibt es die Blätter
„zur Heilung der Völker" (Offb 22,2).

So holt Johannes des Ezechiel Ansage ein,
malt uns die Stadt als Anfang und Ende:
Paradies nämlich,
das nunmehr endgültig zu sich gekommen ist.
Das Paradies wird sich nie mehr verlaufen;
es geht nicht mehr aus,
es ist bei sich.
Die Linie,
die durch die immer wieder auch glücklosen Zeiten verlief
sowie durch Städte voller Einsamkeit,
Armut und Haß sich schlängelte,
durch Städte,
die zum Sammelpunkt der Gefahren verkamen,
diese Linie ist hier zur geschlossenen Form gebracht:
Alles Sehnen erfüllt sich, alles Vorläufige vollendet sich.

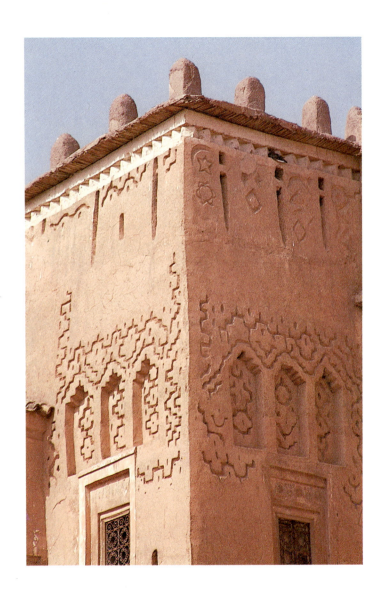

„Die Stadt"
– so schaute Johannes das Bild –
„war viereckig angelegt
und ebenso lang wie breit ...
ihre Länge, Breite und Höhe sind gleich:
zwölftausend Stadien" (Offb 21,16).

Das Quadrat: Ausdruck bester Symmetrie, höchster Vollkommenheit.
Zwölf, malgenommen mit der runden, der schönen Zahl tausend,
ergibt eine Zahl, die ins Unermeßbare weist;
sie sagt nicht mehr sich selber aus,
sie sagt Unausdenkbares an.

Utopisches Maß:
die Stadt im Bild eines riesigen Kubus,
2400 km breit und lang und hoch;
die Stadt im Bild des himmelhoch jauchzenden Wolkenkratzers
„von reinem Gold, gleich reinem Glas" (Offb 21,18).
Endlich nun sind da Erde und Himmel beieinander,
endlich vereint,
Gott bei den Menschen
und Mensch und Mensch bei Gott.
Schon Ezechiel hatte für diese Symbiose den Städtenamen bereit:
„Hier ist der Herr" (Ez 48,35),
so heißt die Stadt.

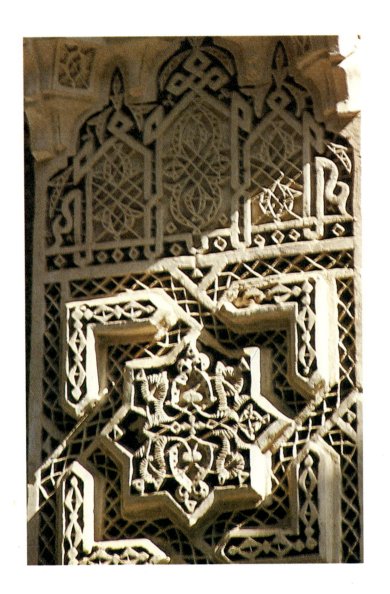

Wenn einer die Durststrecke hinter sich hat
und nicht mehr ausschließlich lechzt
nach Schatten und Wasser,
nicht mehr nur auf das Allernötigste stiert,
da öffnet sich einem der Sinn für das Schöne.
Da geht einer daran, sich zu vergessen und
– selbstvergessen –
das Ganze zu schmücken.
Es sprießen Glanz und Zier und Harmonie,
Eleganz und Pracht.
Jaspis, Saphir, Chalzedon, Smaragd …
die neue Stadt ist schlechthin *die*
„kostbare Perle" (Mt 13,46),
davon es nur diese eine gibt.

tadt,
das ist die Überwindung des barbarischen Zustandes,
das ist Kulturgestalt desjenigen Daseins,
auf das hin der Mensch
– als des Herrn „Abbild" (Gen 1,27) geschaffen –
schmachtend unterwegs ist;
er, von dem sie in Israel singen:
„Du hast ihn nur wenig geringer gemacht als Gott" (Ps 8,6).

Die Wüste versklavt,
zerstört jedweden Schmuck,
jedwede Freiheit und Würde.
Der Stadt aber gilt jene Zusage Gottes:
„Ich legte dir prächtigen Schmuck an,
legte dir Spangen an die Arme und eine Kette um den Hals.
Deine Nase schmückte ich mit einem Reif,
Ohrringe hängte ich dir an die Ohren
und setzte dir eine herrliche Krone auf.
Mit Gold und Silber konntest du dich schmücken" (Ez 16,11-13a).

Der Schmuck und die Zierde der Stadt:
das sind die Menschen,
welche einander sich schenken und schmücken,
jeder jeden.

In die Stadt kommen,
das ist: ins Gespräch kommen!
Die Wüste kennt das zwanglose Wort nicht, sie läßt es nicht zu.
Die Wüste kennt nicht das ungezwungene Beieinandersein,
sie zwingt die Menschen zueinander.
Die Stadt: das ist spannendes Berichten,
lockeres Plaudern,
das ist Erzählen,
das ist Kommunizieren von Menschen, die frei sind.
Die Stadt:
Das ist Rechtes sprechen und Recht sprechen.
Das Faustrecht der Wüste gilt nicht mehr.

„Sprecht heilsames Recht in euren Toren" (Sach 8,16).
Das ist die Praxis der Stadt,
wiewohl sie irdisch stets unvollkommen gelang,
so daß Gott durch Prophetenmund mahnt:
„Ich selbst sorge für Recht zwischen den fetten und den mageren Schafen.
Weil ihr mit eurem breiten Körper und eurer Schulter
alle schwachen Tiere zur Seite gedrängt
und weil ihr sie mit euren Hörnern weggestoßen habt" (Ez 34,20-21).
Die neue Stadt: in ihr gibt es „nichts Unreines",
da ist einfach niemand, „der Greuel verübt" (Offb 21,27).

Der Herr
– so hört man in Israel –
„machte die Wüste zum Wasserteich,
verdorrtes Land zu Oasen.
Dort siedelte er Hungernde an,
sie gründeten wohnliche Städte.
Sie bestellten Felder, pflanzten Reben
und erzielten reiche Ernten (Ps 107,35-37).

Das, was sie hier zaghaft erst und dissonant noch ansingen,
klingt beim Hinhorchen in die neue Stadt hinein voll und harmonisch,
tonsicher und hinreißend:
das Lied der Ernte,
das Jauchzen über die unermeßliche Fülle.

Des Joël Klage ist endgültig überholt.
Nie mehr wird einer jammern:
„Der Weinstock ist dürr,
der Feigenbaum welk.
Granatbaum, Dattelpalme und Apfelbaum,
alle Bäume auf dem Feld sind verdorrt;
ja, verdorrt ist die Freude der Menschen" (Joël 1,12).

Was anfängt in der Erdenstadt,
in der neuen ist es faszinierend vollendet.
Was Israel in einem Wallfahrtslied über die Stadt Jerusalem singt –
im himmlischen Jerusalem ist glanzvoll überboten,
was im Lied anklingt:
„Seht doch,
wie gut und wie schön ist es,
wenn Brüder miteinander in Eintracht wohnen …
Das ist wie der Tau des Hermon,
der auf den Berg Zion niederfällt.
Denn dort spendet der Herr Segen
und Leben in Ewigkeit" (Ps 133,1.3).

Die neue Stadt:
Gott spendet Segen, er selbst ist der Segen.

*tadt:*
für den Menschen der Wüste ist sie die Niederlassung der Fülle.
Hier gibt es reichlich.
Hier quillt es üppig.

Hier stellt sich das Leben verschwenderisch,
maßlos und sorgenfrei dar.
Klar, daß der Mensch sich dies alles
zu sich her
auf seinen Wüstenweg wünscht
und sich ungläubig fragt:
„Kann uns denn Gott den Tisch decken in der Wüste?" (Ps 78,19).

Stadt, das meint:
Allzeit ist der Tisch gedeckt,
allzeit ist er prächtig gedeckt.
Endlich ist ausgesorgt.

Entfaltet ist köstliches Genießen.
Ein jeder ist jedermanns Geschmack.
Ein jeder lebt von jedem,
und alle leben sich ein in Gott.

Im Herzen der Stadt pulsiert das buntbewegte Leben.
Hier inszeniert sich das Fest, der Tanz,
das Vergnügen, die Freude.

Hier, im Herzen der Stadt,
entwickelt sich die beseligende Ahnung:
Einmal, da wird es sein,
daß immer getanzt werden kann,
daß der Tanz nicht mehr seine kleine,
beschränkte, beängstigend enge Zeit
neben den anderen Zeiten hat:

„eine Zeit zum Weinen und eine Zeit zum Lachen,
eine Zeit für die Klage
und eine Zeit für den Tanz" (Koh 3,4).

Einmal, da wird es sein,
daß der Belastete und der Beladene,
der Gebeugte und der Eingezwängte
im Rhythmus jenes Liedes sich wiegen,
das sie das „neue Lied" (Offb 5,9) heißen,
worin sie „zu Ehren des Lammes" (Offb 15,3) singen:

„Du hast mit deinem Blut Menschen für Gott erworben ...,
und du hast sie für unseren Gott
zu Königen und Priestern gemacht" (Offb 5,9.10):
die Geringen,
die Fertiggemachten,
die nutzlosen Ungeborenen,
die unnützen Alten,
die Durchlöcherten,
die haltlos Gelassenen ...

Die Stadt meistert die Schlangen der Wüste,
das Gift,
die Gemeinheit.

Die Menschen der Stadt:
„Wenn sie Schlangen anfassen ...,
wird es ihnen nicht schaden" (Mk 16,18).
„Seht", so lautet es hier ringsherum,
„ich habe euch die Vollmacht gegeben,
auf Schlangen und Skorpione zu treten
und die ganze Macht des Feindes zu überwinden.
Nichts wird euch schaden können" (Lk 10,19).

Die Stadt hat
– im Gegensatz zur Wüste –
Platz für Kinder.
Hier bleiben Kleine nicht auf der Strecke.
Hier gelten Kleine vielmehr als Muster
von Aufgeschlossenheit und Empfänglichkeit.

Die Kleinen horchen sich ein in des anderen Stimme,
sie stimmen mit ihm,
sie stimmen für ihn.
Sie sehen sich ein in des anderen Sicht,
sie können einsichtig sein.

In den Kleinen macht sich die neue Stadt selbst anschaulich.
Unsterblichkeit kommt immer aus Liebe hervor,
nie aus der Unabhängigkeit dessen,
der sich selbst genügt.

Der Ernst des Lebens ist Wüste.
Das Kleine und Zarte bleibt auf der Strecke.
In Gewalt und Profit
wird es schonungslos ausgemustert,
dem Sand,
den Steinen,
dem Salz
und dem Glutwind preisgegeben.

Die Stadt ist der Platz für Kinder,
das Fest des Zarten und Kleinen,
das Fest dessen,
was wachsend liebt und liebend wächst.

Die Stadt
– ganz entgegengesetzt der Wüste –
erlöst von jeder Einsamkeit.

Rundum gibt es niemanden, der klagt:
„Wende dich mir zu und sei mir gnädig;
denn ich bin einsam" (Ps 25,16).
Keiner hier, der sich fühlt
wie „ein einsamer Vogel" (Ps 102,8),
der die Flügel hängen läßt,
angeschlagen, geknickt, verzweifelt.
Die Stadt:
reizvoll und spannend,
packend, gewinnend;
einfach: vielsagend!

„Wacht auf, Harfe und Saitenspiel!
Ich will das Morgenrot wecken!" (Ps 57,9).
Ja, in der Stadt,
da *blühen* die Menschen (Ps 72,16).

Die Stadt
– im Gegensatz zur Wüste –
hat Platz für Kranke,
für Alte,
für Arme.

„Die Elenden und Armen suchen Wasser,
doch es ist keines da;
ihre Zunge vertrocknet vor Durst.
Ich, der Herr, will sie erhören" (Jes 41,17).

Das geknickte Rohr:
in der Stadt wird es nicht zerbrochen;
der glimmende Docht:
in der Stadt wird er nicht ausgelöscht (vgl. Jes 42,3).

Das Schwache kommt zu Kräften.

Der Gottesknecht ist bis ins Innerste des Schwachen vorgegangen,
hat es zuinnerst gespürt
und von innen her aufgearbeitet.

„Wir meinten, er sei von Gott geschlagen,
tief getroffen und gebeugt.
Doch ... durch seine Wunden sind wir geheilt" (Jes 53,4-5).

Von da aus erreicht den Armen die gute Nachricht.
Von dort her kündet sich den Gefangenen die Entlassung an
und den Blinden das Augenlicht.
Von dem aus werden die Zerschlagenen in Freiheit gesetzt (vgl. Lk 4,18).
Geschichten, die in der neuen Stadt zu ihrem guten Schluß kommen:
Menschen, die sich in Gott und ineinander baden und selig sind.

Der Blinde schaut in das Lied des Lebens.
Er fühlt die Musik heiliger Kommunion.

Die neue Stadt ist die Stadt,
in der diese Geschichten gehen:
Sie hat keinen Tempel,
„denn der Herr, ihr Gott ..., ist ihr Tempel,
er und das Lamm" (Offb 21,22), der Gottesknecht.

Überholt ist die Zeit, da einer sagen mußte:
„Die Körper der Tiere,
deren Blut vom Hohenpriester zur Sühnung der Sünde
in das Heiligtum gebracht wird,
werden außerhalb des Lagers verbrannt.

Deshalb hat auch Jesus,
um durch sein eigenes Blut das Volk zu heiligen,
außerhalb des Tores gelitten.
Laßt uns also zu ihm vor das Lager hinausziehen
und seine Schmach auf uns nehmen.
Denn wir haben hier keine Stadt, die bestehen bleibt,
sondern wir suchen die künftige" (Hebr 13,11-14).

Nun ist sie erreicht: die künftige.
Nie mehr wird es „Tage von Manhatten" geben,
da sie rufen, schreien, brüllen
und dann in die Fresse hauen:
in die unbarmherzige Fresse aller Ratten der Stadt (J. Federspiel).

Jetzt ist für immer wahr geworden:
„Ihr seid ... hinzugetreten zur Stadt des lebendigen Gottes,
... zu Tausenden von Engeln,
zu einer geistlichen Versammlung,
zur Gemeinschaft der Erstgeborenen" (Hebr 12,22f.).

Du Stadt, von „Gott selbst geplant und gebaut" (Hebr 11,10),
„von Gott her aus dem Himmel" herabkommend (Offb 21,2),
„Gottes geliebte Stadt" (Offb 20,9),
du beseligendes Ziel derer,
die glaubend, hoffend, liebend
durch ihre Wüste sich raffen
und stets wieder neu sich ausrichten zu dir hin,
denn deine Mauern schützen vor Bestien und Dämonen,
vor Halunken und Feinden.
In dir bietet sich wohliger Schatten.
In dir verschenkt sich der sprudelnde Quell,
der keusche Fluß, der alles paradiesisch belebt:
unbeschreibliches Grünen und Blühen und Fruchten,
diese freigebig sich austeilende Fülle.
In dir grünt und blüht und fruchtet ein jeder jedem,
in dir geschieht ewig lebhafte Kommunion: Heiliger Geist.
In dir gibt es das Spiel, die Kunst, die Kultur,
die Anbetung dessen, der „das Wasser des Lebens" (Offb 21,6) beschert,
Wonne derer, die aus der Wüste kommen.
In dir sind das Fest, das Lied und der Tanz: die Freude.
In dir ist Seligkeit auch für Kinder, für Kranke, für Alte.

Doch einen herkömmlichen Tempel bewahrst du nicht in dir auf;
es braucht keinen solchen,
es braucht keine Station mehr,
keine Haltestelle, keinen Rastplatz,
denn der Weg ist am Ziel.

Nun hat sich in Zauber und Wonne und Jubel vollendet,
das, was Antoine de Saint Exupéry
der „Stadt in der Wüste" zugesprochen hörte:
„Citadelle, je te construirai dans le coeur de l'homme",
Stadt, ich werde dich im Herzen der Menschen errichten,
so daß unterwegs in der Wüste
niemand verzagt, aufgibt, verendet.

Du, heilige Stadt,
schon immer in uns selber
als faszinierendes Urbild des Wunders,
Inbild der Huld und der Liebe!

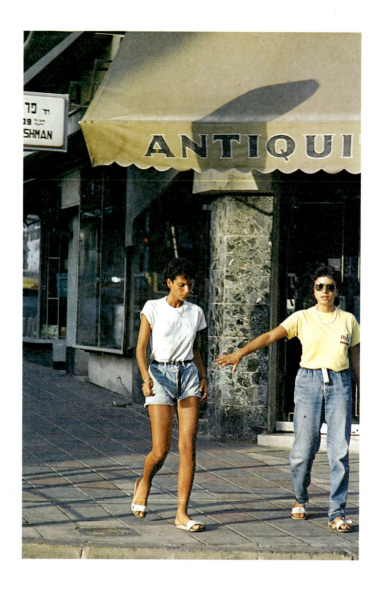

Ja, heilige Stadt, du bist – „die Braut" (Offb 21,9)!

Bildnachweis:

1. Schlucht in der Felsenwüste des Hohen Atlas.
   Marokko 1983. (S. 6)

2. Stadtmauer von Marrakesch.
   Marokko 1983. (S. 8)

3. Bab Agenaou, Stadttor in Marrakesch.
   Marokko 1983. (S. 10)

4. Schattige Straße in einem Dorf bei Zagora.
   Marokko 1983. (S. 12)

5. Dorf in Tunesien.
   Tunesien 1979. (S. 14)

6. Schatten unter Palmen in Marrakesch.
   Marokko 1983. (S. 16)

7. Brunnen in einem Dorf bei Zagora.
   Marokko 1983. (S. 18)

8 Kinder an einem Brunnen in Marrakesch.
   Marokko 1983. (S. 20)

9. Kinder beim Shiloach-Teich in Jerusalem.
   Israel 1981. (S. 22)

10. Dra-Fluß.
    Marokko 1983. (S. 24)

11. Palmen und Blumen in Marrakesch.
    Marokko 1983. (S. 26)

12. Blumenstand in Tessaloniki.
    Griechenland 1982. (S. 28)

13. Kasba (Speicherburg) in Quarzarzate.
    Marokko 1983. (S. 30)

14. Ornament aus einem Bogengang im Bahia-Palast in Marrakesch.
    Marokko 1983. (S. 32)

15. Silber in den Souks (Markt) von Marrakesch.
    Marokko 1983. (S. 34)

16. Interessenten für Schmuck in Ashkalon-Migdal.
    Israel 1981. (S. 36)

17. Männer im Gespräch am Eingang zum Markt in Agdz.
    Marokko 1983. (S. 38)

18. Baumkrone einer Dattelpalme in Marrakesch.
    Marokko 1983. (S. 40)

19. Marktszene in Kairouan.
    Tunesien 1979. (S. 42)

20. Brot in Jerusalem.
    Israel 1981. (S. 44)

21. Jemaa el Fna, Platz in Marrakesch.
    Marokko 1983. (S. 46)

22. Tanz und Spiel in Marrakesch.
    Marokko 1983. (S. 48)

23. Schlangenbeschwörer in Agadir.
    Marokko 1983. (S. 50)

24. Vater mit Kind in Jerusalem.
    Israel 1981. (S. 52)

25. Kinder und Großmütter in Agadir.
    Marokko 1983. (S. 54)

26. Jungen in Zefad.
    Israel 1981. (S. 56)

27. Alte Männer in Taroudant.
    Marokko 1983. (S. 58)

28. Blinder Mann musiziert in Agadir.
    Marokko 1983. (S. 60)

29. Felsendom in Jerusalem.
    Israel 1981. (S. 62)

30. Blick vom Ölberg aus auf die Stadt Jerusalem.
    Israel 1981. (S. 66)

31. Verliebte in Tel Aviv.
    Israel 1981. (S. 68)